HASTA QUE ALGUIEN ME ESCUCHE

Una historia sobre **LAS FRONTERAS,**
LA FAMILIA y **LA MISIÓN** de una niña

ESTELA JUAREZ
con **LISSETTE NORMAN**
traducido por **CECILIA MOLINARI**

ilustrado por
TERESA MARTÍNEZ

Roaring Brook Press
Nueva York

Mi familia solía vivir junta, en una casa llena de amor.
El delicioso aroma de las flautas de mi mamá nos traía
a todos a la cocina.

Las palmeras afuera se inclinaban hacia nuestra casa como si quisieran entrar y pertenecer.

Mi mamá decía que había heredado de ella mi
energía y curiosidad. Mi hermana mayor, Pamela,
era más como mi papá... tranquilo y silencioso
como un atardecer.

Podría contar con dos manos las palabras que mi papá
decía en un día, pero sus palabras eran siempre cálidas,
como los abrazos de mi hermana.

Dondequiera que fuera mi mamá, iba yo
porque me movía rápido
como un colibrí.

Al despertar, despegaba,
en busca de respuestas.
Sabía que encontraría lo que necesitaba porque,
al igual que mi mamá, llevaba la esperanza en mis alas.

Mi mamá llevaba la esperanza en ella
cuando se fue de México, donde nació,

hacia el otro lado del río
en busca de un futuro mejor.

A pesar de ser joven y estar sola en un país nuevo,
mi mamá era valiente y estaba decidida a hacer una vida nueva.

Fue a la escuela secundaria.

Trabajó como niñera

y mesera.

Soñaba con llegar a ser abogada un día.

Mi mamá se enamoró de alguien que había luchado
para el país del que ahora formaba parte.

Él era un marine de los Estados Unidos.

Al año de casarse, llegó mi hermana.

Yo nací ocho años después.

Como un pequeño y curioso colibrí, yo revoloteaba sin cesar.

Y, a veces, como familia, volábamos juntos.

Cuando tenía cuatro años, un hombre del gobierno
vino a nuestra casa.

Dijo que mi mamá tenía que volver...
al otro lado del río...
porque no había nacido en este país.

Desde entonces, nunca me separé de ella.
Tenía miedo de conocer un mundo sin ella.

¿Quién me daría el besito de las buenas noches
antes de irme a dormir?

Mi mamá y mi papá le pidieron
al gobierno una y otra vez
que la dejaran quedarse.
Hizo todo lo que le dijeron que hiciera,
pero no cambió nada.

Aunque nadie los escuchaba,
mis padres siguieron intentándolo.

Pasaron los años.
Llegó un nuevo presidente,
y todo empeoró.
Nadie nos podía dar una respuesta.

Mi mamá empezó a tener pesadillas
en las que se veía obligada a dejarnos.
Corría por las calles de nuestro barrio,
tratando de idear otras maneras de quedarse.

Luego, una mañana de agosto, esa pesadilla se hizo realidad.
Fue como si alguien nos hubiera partido en dos.

Mi mamá no hizo nada malo. Sólo nació en otro lugar.
Algunos ven a las personas como mi mamá como maleza fea
que necesita ser arrancada de la tierra. Pero no son maleza.
Son flores silvestres, todas con bonitas formas y colores,
cada una de un tipo de belleza diferente.

Despertar en una casa sin mi mamá ese primer día
fue lo más duro de todo.
Por la noche, mi hermana me dio más abrazos y besos.
Mi papá prometió: «Pronto estaremos todos juntos».

Pero pronto no llegaba lo suficientemente pronto.
Mientras tanto, yo era una nube... una nube sombría
que se posa y ahí se queda.

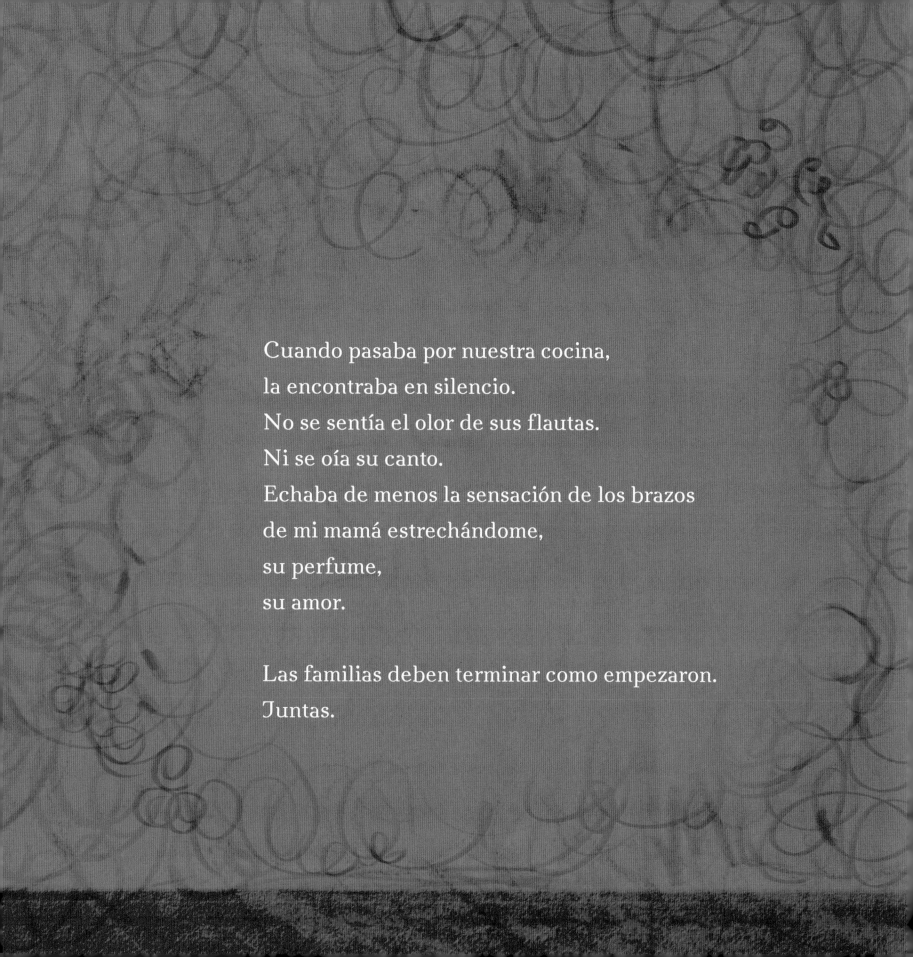

Cuando pasaba por nuestra cocina,
la encontraba en silencio.
No se sentía el olor de sus flautas.
Ni se oía su canto.
Echaba de menos la sensación de los brazos
de mi mamá estrechándome,
su perfume,
su amor.

Las familias deben terminar como empezaron.
Juntas.

Éramos una familia

en dos países,

pero aún seguíamos juntos en nuestros corazones.

En casa, mi papá y Pamela me dieron el valor
para volar lejos.

Como mi mamá no podía volver a casa,
mis padres decidieron que me iría a vivir
con ella por un tiempo.

Aunque mi corazón se partió por segunda vez
cuando me despedí de mi papá y de mi hermana,
volver a ver a mi mamá me tenía emocionada.
Pero no debería haber tenido que dejar mi propio país sólo para verla.
No era justo.

Sabía que tenía que hacer algo.

Al principio leí.
Luego escribí.

Y escribí.

Era lo único que se me ocurría hacer.
Convertí lo que escribí en mi diario
en una carta al Congreso.
Le escribí una carta al presidente.

Les escribí cartas a los periódicos, a cualquiera que pudiera ayudar. Cualquiera que me escuchara.

Cuando tuve que volver a dejar a mi mamá, mi búsqueda de respuestas se hizo más importante que nunca.

Descubrí que mis palabras tienen poder.
Mi voz también tiene poder.
Y no dejaré de usar mi voz
hasta que alguien me escuche...

hasta que mi familia vuelva a estar unida.

Cada vez que veo un colibrí, siento a mi mamá cerca.
La imagino corriendo por las calles de Yucatán,
deseando que fuera una colibrí,

volando de regreso a mí,

volando de regreso a *nosotros*.

NOTA DE LA AUTORA

MI FAMILIA, COMO TANTAS OTRAS, fue separada por leyes de inmigración injustas.

Mi mamá llegó a los Estados Unidos en 1998, a los dieciocho años, en busca de una vida mejor. Durante los siguientes quince años, ella y mi padre trabajaron para construir su sueño americano en la Florida. Montaron su propio negocio y compraron una casa, donde crecí con mi hermana y nuestro perro, Spot.

En 2013, un agente de inmigración llamó a nuestra puerta. Le dijo a mi mamá que tenía que volver a México, donde había nacido, porque era «indocumentada». Yo tenía cuatro años. Mi mamá nos explicó a mí y a mi hermana que «indocumentado» es como se le dice a una persona que no tiene los papeles que permiten a las personas de un país vivir en otro. Yo los llamaba *papeles milagrosos*. El agente dijo que mi mamá tenía que presentarse en la oficina de inmigración al día siguiente.

La administración del presidente Barack Obama permitió que mi mamá permaneciera en los Estados Unidos siempre que cumpliera las leyes y se presentara en la oficina de inmigración cada dos años.

Pero cuando fue elegido el siguiente presidente, éste cambió las leyes de inmigración. Durante una visita protocolaria, un agente de inmigración le dijo a mi mamá que tenía que regresar a México y que debía presentarse en su oficina cada semana hasta la fecha de su deportación.

Al nuevo presidente no le importaba que mi papá hubiera luchado por este país como marine de los Estados Unidos y que mi mamá fuera la esposa de un militar. Por mucho que mis padres le pidieron al gobierno que le permitiera quedarse, éste insistía en que tenía que irse.

Mi mamá no podía solicitar la ciudadanía estadounidense porque, al entrar a este país, firmó un papel en la frontera. Ella no entendía nada de inglés ni que el papel decía que estaba infringiendo una ley federal. Cuando

una persona firma ese papel, se ve obligada a abandonar el país. Algunas tienen que esperar hasta diez años para poder solicitar una forma legal para entrar a los Estados Unidos. Pero a otras, como a mi mamá, se les dice que *nunca más* podrán volver a entrar al país.

Mis padres hablaron con diferentes abogados y acudieron a muchas audiencias judiciales. También les pidieron ayuda a los legisladores de nuestro estado. Ninguno pudo detener su deportación.

Alejandra y Temo, la mamá y el papá de Estela, junto con Estela y su hermana mayor, Pamela, durante un viaje que hicieron para visitar a Alejandra en México.

El 3 de agosto de 2018, mi mamá fue obligada a regresar a México.

Con el corazón roto, yo sabía que tenía que hacer algo. Tenía ocho años cuando decidí escribirle una carta al presidente Donald Trump sobre cómo su administración *separó* a mi familia militar en lugar de protegerla. El video de mi mensaje al presidente se emitió en los principales canales de noticias de la televisión. Y debido a toda la atención de los medios, me invitaron a hacer otro video leyendo una carta dirigida al presidente Trump que se proyectaría en la Convención Nacional Demócrata de 2020, donde Joe Biden se iba a presentar como candidato a la presidencia. El congresista Darren

Estela, Alejandra y Pamela frente al Capitolio en Washington, DC.

Soto de la Florida nos honró oficialmente a mi hermana y a mí como «Hijas Distinguidas de la Florida». Algunos abogados escucharon mi mensaje y se ofrecieron a ayudar a reunir a mi familia.

Pronto descubrí que había poder en mis palabras y en mi voz. Juré usar mi voz hasta que mi mamá volviera a estar con nosotros.

Me fui a vivir con ella a México por un año y medio para que no estuviera sola, pero volví a la Florida para estar con mi papá y mi hermana cuando empezó la pandemia de COVID-19. Estar separados de ella fue muy doloroso para todos nosotros. Se nos rompía el corazón cada vez que se perdía los cumpleaños, las vacaciones, los días especiales como la graduación de mi hermana de la secundaria y los momentos difíciles como el fallecimiento de nuestro perro, Spot.

A menudo soñaba con el día en que mi mamá volviera a casa. Inspirada por el libro *March* de John Lewis, escribí este libro para seguir compartiendo nuestra historia. Y no paré hasta que alguien por fin me escuchó y mi sueño de su regreso se hizo realidad. El 8 de mayo de 2021, a mi mamá se le permitió reunirse temporalmente con nosotros en los Estados Unidos. Estamos muy agradecidos al nuevo presidente Joe Biden por haberlo hecho posible. Ahora, mientras mis padres intentan encontrar la manera de que mi mamá se quede de forma permanente, nosotros estamos trabajando para sanar a nuestra familia.

RECURSOS PARA LOS NIÑOS QUE QUIERAN APRENDER MÁS:

My Name Is Not Refugee de Kate Milner

Where Are You From? de Yamile Saied Méndez

Mama's Nightingale: A Story of Immigration and Separation de Edwidge Danticat

La Frontera: El viaje con papá / My Journey with Papa de Deborah Mills and Alfredo Alva (bilingual)

Vídeo del DNC de Estela, youtube.com/watch?v=cevWk5MSeH0

Para mi mamá, Alejandra Juarez —la mujer más fuerte que conozco— que me enseñó a ser fuerte y amable, y a seguir mis sueños.

Y para la corresponsal del Pentágono Tara Copp, que fue la primera en reportar la noticia de mi mamá y mantuvo viva su historia, incluso después de que se tuvo que ir de los Estados Unidos.

La publicación de mi primer libro fue posible gracias a la ayuda de un equipo de personas maravillosas: Muchas gracias a mi editora, Connie Hsu, por creer en la historia de mi familia. Trabajar contigo ha sido un sueño hecho realidad. Gracias al increíble equipo de Macmillan Publishers por apoyarme y llevar este libro a la mayor cantidad de niños posible. Gracias a la maravillosa Teresa Martínez por sus fabulosas ilustraciones que le han dado vida a la historia de mi familia. Gracias a Lissette Norman; eres la mejor compañera de escritura. ¡Deberíamos hacerlo de nuevo pronto! Gracias a mi traductora, Cecilia Molinari, por su magnífico trabajo en la traducción. Finalmente, gracias a mi maravillosa agente literaria, Johanna V. Castillo, por soñar conmigo y ayudarme a convertirme en una autora. Un agradecimiento especial a las organizaciones que ayudaron a reunir a mi familia —FWD.us y Resilience Communications— y a las tantísimas personas que ofrecieron su tiempo y apoyo.

—E. J.

Para mamá, Ma Teresa, con amor

—T. M.

Publicado por Roaring Brook Press
Roaring Brook Press es una división de Holtzbrinck Publishing Holdings Limited Partnership
120 Broadway, Nueva York, NY 10271 · mackids.com

Texto copyright © 2022 de Estela Juarez
Ilustraciones copyright © 2022 de Teresa Martínez
Todos los derechos reservados.

Los datos de catalogación de la Biblioteca del Congreso se encuentran disponibles.
ISBN 978-1-250-85979-2

Nuestros libros pueden comprarse al por mayor para uso promocional, educativo o comercial.
Por favor contacte a su librería local o al Macmillan Corporate and Premium Sales Department llamando
al (800) 221-7945 ext. 5442 o por correo electrónico en MacmillanSpecialMarkets@macmillan.com.

Primera edición, 2022
Impreso en China por RR Donnelley Asia Printing Solutions Ltd., ciudad de Dongguan, provincia de Guangdong

1 3 5 7 9 10 8 6 4 2

Las ilustraciones de este libro se crearon digitalmente y el texto que se utilizó es Bachenas.
El libro fue editado por Connie Hsu, diseñado por Cindy de la Cruz, y el arte fue dirigido por Sharismar Rodríguez y Neil Swaab.
La editora de producción fue Jennifer Healey y la producción estuvo a cargo de Susan Doran.